JN121688

まえがき

　現今の経済取引では，手形・小切手は，現金と同様の役目をもって重要な働きをしています。

　小切手は，現金にかわって支払のために利用され，商取引では欠くことができません。また，手形は，支払のために用いられるほか金融のためにも広く利用されて，経済の面で大きな役割をはたしています。

　しかし，手形・小切手の書きかたは法律できびしい定めがあります。

　したがって，日常，手形・小切手を使用されるかた，あるいは，業務としてこれらの証券を取り扱うかたたちは，十分その知識を養っておかないと思わぬ損害を受けることがあります。事実そういう例は決して少なくありません。

　そこで，本書では，ぜひとも知っておかなくてはならない手形・小切手の正しい書きかた見かたを，統一手形用紙・小切手用紙のヒナ型を掲げて解説することとします。なお，様式および本文中のポイントとなる箇所や文章は色刷りにしてありますので，大変わかりやすくお読みいただけると思います。大いにお役立ていただければ幸いです。

も　く　じ

小　切　手

約束手形

為替手形

本書の内容に関する訂正等の情報
　本書は内容につき精査のうえ発行しておりますが，発行後に訂正（誤記の修正）等の必要が生じた場合には，当社ホームページ（http://www. khk.co.jp/）に掲載いたします。

小 切 手

□ 小切手（持参人払式小切手）の正しい書きかた

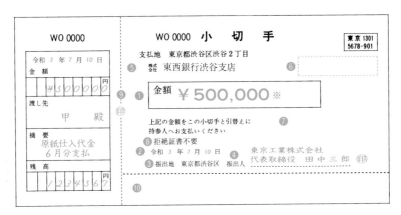

(1) ヒナ型は小切手の正しい書きかたです。このヒナ型は，もっとも多く利用される持参人払式小切手で，渡し先を念のため注記する場合は ⑥のところに書いてください。このほかに，記名式，指図式などの小切手もありますから，各ページをよくごらんください。

(2) ❶の金額は，アラビア数字で記入するときはチェックライターを使用してください。チェックライターによらない場合は壱弐参拾百千万などの漢数字を使用してください。

(3) ❼のところにも金額の複記はできますが，チェックライターによる場合は漢数字による複記はしないでください。

(4) 複記した金額が金額欄の金額と違っていても，銀行では❶の金額欄だけで取り扱っていますから，その点にとくに注意してください。

(5) ❷は振出日です。振出日は普通，小切手を発行した日を書き入れます。実際上は発行日の日より前の日を書いたり，後の日（先日付）を書くこともありますが，それでも小切手の効力に影響はありません。しかし，暦にある日を書かなくてはなりません。先日付小切手でも，その日付のくる前に支払の請求があれば，銀行は支払います。したが

って，先日付小切手を振り出しても，すぐ支払われてしまう場合もあります。もしそのとき預金がないと不渡りとなり，振出人は不渡情報登録あるいは取引停止処分を受けることにもなりますから，先日付だからといって安心して振り出すことは危険です。このような場合には，受取人に日付の日までは支払を求めないことをしっかり約束させなくてはなりません。

他面，先日付小切手が呈示された場合には，振出人（当座取引先）にその旨を連絡することがあります。

(6) ❸は振出地です。これはだいたい小切手に印刷されていますが（印刷のない場合もありますから注意してください），実際に振り出したところと違っていても有効ですから，そのまま使用してください。

(7) ❹は振出人の署名です。ここには銀行に届け出た氏名，会社名，代表者名等をそのとおり記載してください。印も届出どおりのものが押されていないと不渡りになります。

(8) ❺は支払銀行で小切手面に印刷されています。他の銀行の用紙を使って訂正して振り出しても支払をしてくれません。

(9) ❽は，支払を拒絶された場合の支払拒絶の公正証書などの作成を免除する文言で，小切手面に印刷されています。これは，不渡りになった小切手について遡求権保全に支障がおきないようにしたものです。

(10) 小切手の振出には収入印紙は必要ありません。

(11) ❾のミシン目のところには，普通，契印といって振出印で割印をしていますが，これは必ずしも必要ではありません。

(12) 控の記入欄は振出人の便宜のための欄ですから記録などに利用します。

(13) ❿の部分（幅16mm）はクリアーバンドといって，銀行が機械処理に使用しますから，なにも記入しないでください。振出の際印鑑の肉がつかないよう注意が必要です。

(14) クリアーバンドには，手形交換所番号，銀行・支店コード，口座番号，小切手番号などが磁気インク（MICR）で印字されています。

(15) MICR印字では，金額が最後に印字されます。すなわち，入金を行なった銀行で印字されるわけです。

□　記名式小切手の正しい書きかた

```
WO 0000        小　切　手              東京  1301
                                       5678 － 901
支 払 地  東京都渋谷区渋谷2丁目

株式
会社  東西銀行 渋谷支店

金額    ￥500,000 ※

上記の金額をこの小切手と引替えに
㊞ 持参人へお支払いください
   甲野一郎殿
   拒絶証書不要
令和 3 年 7 月 10 日    東京工業株式会社
振出地  東京都渋谷区  振出人  代表取締役 田中 三郎 ㊞
```

(1)　ヒナ型は特定の人だけが小切手の支払を受けられるようにするときの書きかたです。

(2)　小切手に印刷されてある「持参人」の文字を消して，受取人の名前を書き入れるのが普通の書きかたです。「持参人」の文字を抹消し，訂正印を届出印で押印してください。

(3)　このような小切手でも，受取人が裏書をすれば指名人以外の他人に譲渡することができます。

(4)　銀行が正しい受取人の裏書がないまま預金等に受け入れてしまった場合には，後掲の入金証明の記載（14 ページ参照）を小切手裏面にすれば，支払銀行では，手形交換上，支払に応じる慣習があります。

(5)　とくに指名人以外に渡したくないときは，適当なところへ「裏書禁止」または「指図禁止」と書き入れると，受取人は，民法の債権譲渡の方法によってしか小切手を譲渡することができません。

□　記名持参人払式小切手の正しい書きかた

```
WO 0000          小　切　手              東京  1301
                                         5678 − 901
支払地  東京都渋谷区渋谷２丁目

株式
会社 東西銀行 渋 谷 支 店

金額      ￥ 500,000 ※

上記の金額をこの小切手と引替えに          甲野一郎殿
持参人へお支払いください
拒絶証書不要

令和 3 年 7 月 10 日          東京工業株式会社
振出地  東京都渋谷区  振出人   代表取締役田中三郎 ㊞
```

(1) 「……引換えに」の右へ受取人の氏名を記入しても，小切手の支払
委託文句の中の「持参人」の印刷文言を消さないと，この小切手は持
参人払式小切手（１ページ参照）と同じです。

(2) 実際上，この形式の小切手が多く用いられているようですが，小切
手法では，受取人の記入とはみません。一度にたくさんの小切手を振
り出す場合には渡し先を書いておかないと，渡しちがえる場合がある
からですが，記名式と見まちがうことのないよう，右上，左上などの
余白に書いているようです。

4

□ パーソナル・チェック

A 15621	小　切　手	東京　1301 5632 － 201

支払地　東京都千代田区丸ノ内1丁目

株式
会社　**東西銀行 丸ノ内支店**

金　参拾万円也

（金額欄には，壱,弐,参,拾,千,万などの漢字をお使いください）

¥ 300,000.－

上記の金額をこの小切手と引替えに持参人へお支払いください

拒絶証書不要

振出日　令和 3 年 7 月 10 日

振出地　東京都千代田区　　振　出　人　山田吉男

振出人は自署し，捺印はいたしません

(1) 個人当座小切手ともいいます。この小切手は，一般の当座小切手と本質的には同じものですが，個人の家計その他の消費生活をまかなうための小切手であるため，若干の特色をもっています。

(2) まず形式上の面では，振出人は届出のサイン（自署）だけをし，捺印はしないのが一般的です（このことは，サイン欄の下部に小さく注意書きがされています）。

(3) 次に当座契約上では，一つの当座勘定を夫婦で使用することが認められており，この場合には代理人の氏名とその自署の届出が必要です。夫が契約者であると妻はその代理人になって，妻の名において小切手を振り出すことができます（この場合，本来ならば「代理人」である旨の肩書きが必要なのですが，パーソナル・チェックでは，その記載はしなくてもよいことになっています）。

□ 白 地 小 切 手

```
WO 0000          小  切  手              東 京  1301
                                        5678 － 901
支 払 地  東京都渋谷区渋谷 2 丁目

株式
会社 東西銀行 渋 谷 支 店

金額

上記の金額をこの小切手と引替えに
持参人へお支払いください
拒絶証書不要

令和 3 年 7 月 10 日      東京工業株式会社
振出地  東京都渋谷区  振出人  代表取締役 田 中 三 郎 ㊞
```

(1)　小切手も手形と同様，振出人の署名以外の欄を受取人があとから書き入れてもよいことを約束して空欄（白地）のまま振り出すことができます。

(2)　とくに金額が白地の小切手は，受取人との間で補充の金額について十分に約束をしていたとしても，約束以上の金額が補充されると，補充された金額でそのまま銀行で支払われますし，その小切手が第三者に渡ると，振出人は補充された金額の支払義務を負うことになり，たいへん危険です。ですから，白地での小切手の振出はできるだけやめましょう。

□　一般線引小切手

(1)　一般線引小切手は小切手の表面に二本の平行線を引いて，そのなか
に普通，銀行，Bank などと書きます。しかし，ただ二本の平行線を
引いただけでもよいのです。

(2)　線引小切手は，支払場所として印刷してある銀行との間に取引がな
いと直接現金では支払ってもらえませんから，所持人は取引銀行へ入
金しなくてはなりません。ですから，その小切手の最後の所持人の身
もとがほぼ把握できる利点があり，盗難防止に役立ちます。線引にし
ておけば，紛失した場合にすぐ支払銀行に届け出ると，だいたい事故
の防止ができます。しかし，線引をしても，その最後の所持人が事故
小切手であることを知らずに受け取った者であれば，支払う責任はま
ぬがれませんから注意してください。

(3)　一度線引小切手にすると，これは取り消すことはできません。たと
え，線引を消しても，取消したことにはなりません。

(4)　線引は小切手の振出人のほか，所持人もできます。

(5)　支払銀行とまったく取引のない人がこの小切手を受け取った場合で
も，小切手の裏面に振出人の届出印を押してもらうと，支払ってもら
えます。これは取引先である振出人が直接受け取るかたちになるから
で，事実上，線引を取消したと同じ結果になります。

□ 特定線引小切手

(1) 特定線引小切手とは，受取人が入金する銀行を指示しようとするときに利用する小切手で，その表面に二本の平行線を引き，そのなかに受取人が入金する銀行の名称を書き入れてする線引小切手です。

(2) 特定線引があると，支払銀行では指定銀行にしか支払いませんから，受取人は，その指定銀行に入金するほかありません。

(3) 特定線引はこれを取り消すことはできませんから，小切手を渡す相手方の取引銀行がわかっていない場合はあまり利用できません。

(4) 特定線引が二つ以上あると，銀行では小切手の支払ができなくなります。ただし，そのうちの一つが電子交換にかけるためのものであればかまいません。

□　自己宛小切手（預手）

(1)　振出人と支払人が同一銀行同一営業店である小切手を，自己宛小切手または預手といいます。支払の確実な小切手です。支払人が別の銀行や他の支店になっている場合は，送金小切手といい（10ページ参照），送金のためのものです。実際の取引では，いずれの場合も現金と同じように信用度の高い小切手です。

(2)　自己宛小切手は銀行（その他の金融機関も含む）だけが発行する小切手ですから，銀行に現金を持っていくか預金から振り替えて発行してもらいます。

(3)　この小切手の支払を受けるときは，普通の場合と同様に直接振出銀行へ呈示するか，取引銀行へ入金しますが，振出銀行の本支店であればどこでも支払ってくれます。

(4)　この小切手にも持参人払，記名式払などのものがあります。また，線引き小切手とすることもできます。

□　送金小切手（他行送金小切手）

```
                    小　切　手              | 東京  1301  |
                                           | 5678 － 901 |

  支払地  福岡市
          南北銀行 本店 御中

  金額    ￥500,000 ※

  上記の金額をこの小切手と引替えに
  持参人へお支払いください
  拒絶証書不要
  令和 3 年 7 月 10 日      東京都中央区日本橋本石町 3－8

  振出地 東京都渋谷区  振出人  株式会社東西銀行日本橋支店  支店長  千代田太郎㊞
  ------------------------------------------------------------
```

(1)　地方へ送金する場合，取引銀行に依頼して小切手による送金をする
　　ことができます。

(2)　受取人の取引銀行が，はっきりわかっているときは，支払銀行をと
　　くに指定するとよいでしょう（現金でも受け取れます）。

(3)　線引（7〜8ページ参照）にすると，紛失による事故を予防できま
　　すが，現金では受け取れません。

(4)　振出銀行から支払銀行への送金案内が未着の場合は，支払が遅れる
　　ことがあります。また，送金小切手を取引銀行へ入金して，取り立て
　　てもらうこともできます。

(5)　とくに急ぐ送金の場合は，電信送金の手続をとるほうが便利です。

(6)　振出銀行と支払銀行が同一のもの（本支店送金小切手）もあります。

(7)　記名式にする場合もあります。

□ 正しい支払拒絶宣言

〔小切手の裏面〕

　　　この小切手は本日呈示されましたが，資金不足（またはその
他の事由）につき支払いいたしかねます。

　　　令和○○年　○　月　○　日

　　　　　　　　　　　　　　○○銀行○○支店

(1)　小切手用紙には「拒絶証書不要」の文言が印刷されていますが，印刷のされていない場合で小切手が不渡りになったときには，銀行が上記の文言で「支払拒絶の宣言」を小切手の裏面に記載します。

(2)　この様式でなされた支払銀行による支払拒絶の宣言は，公証人が作成する支払拒絶証書と同一の効力を有します。すなわち，小切手の遡求の場合に，なくてはならない条件です。

(3)　支払拒絶の宣言は，必ず小切手そのものの上に記載されることを要し，別の紙片に記載したものは有効ではありません。

(4)　約束手形および為替手形の不渡りの場合には，小切手の支払拒絶の宣言に準じた文言を小紙片（たて書きが多い）に記載し，これを手形の表面左肩に貼りつけることになっています。しかしこの場合は，手形については，支払拒絶証書と同じ効力をもちません。

　　　約束手形の振出人，為替手形の引受人に手形金を請求するには，支払拒絶証書の作成が必要ではありません。為替手形の振出人ならびに手形の裏書人に遡求するについても，統一手形用紙では支払拒絶証書作成免除の旨が記載されていますので，特別の例外の場合を除き，この小紙片添付により不渡りの旨が表示されていれば，遡求については

問題がおきません。

(5) 英文小切手の支払拒絶宣言は，次の様式で日本文と英文との併記によることになっています。

　この記載にあたって押切印によることができないときは，権限ある者の署名によることができます。

　この手形（または小切手）が本日呈示されましたが，下記事由により支払いいたしかねます。(We return this item unpaid for the reason of)

　　邦文事由　　　　　　　　　　　　　　　年月日 (Date)

　（英文事由）

　　　銀行支店名　　　　　　　　　　　　　　押切印

　　　(Authorized Signature)

注　　意

●小切手を受け取るときの注意

☐　商取引そのほかで小切手を受け取る場合には，次の点に注意してください。

①　相手方が直接振り出したものか，他人が振り出したものか，よく注意してその信用程度を知ること。

②　支払銀行はどこの銀行か。他の地方の銀行だと取立の手数料を銀行に支払わなければならない。

③　小切手の要件（金額，日付，署名など）が欠けていないか。

④　白地小切手，先日付小切手を受け取るときには，とくに相手にその事情，真意をたしかめること。

⑤　訂正や改ざんのないこと。

⑥　第三者の振り出した小切手の場合は，直接の相手方の裏書（小切手の裏面に署名してもらう）を必ずとること。

⑦　記名式，指図禁止などの点についても注意すること（3ページ参照）。

⑧　線引の有無を確認すること。

●取立の方法

☐　受け取った小切手が，次のような小切手であるときは，直接支払銀行にいって，現金を受け取ることも，自分の取引銀行に預金することもできます。

①　線引でない持参人払小切手

②　記名式小切手で，その者の裏書のある線引でない小切手

③　線引小切手であっても，自分も取引がある銀行がその支払銀行となっている小切手

④　線引小切手で振出人の届出印の押してある小切手（ただし，現金支払が受けられないこともあるから注意してください）

□　次のような小切手は，普通の場合，自分の取引銀行の預金に入金することも，支払銀行で現金を受け取ることもできませんから，小切手を振出人に書き替えてもらうよりほかはありません。

①　振出人以外から受け取った指図禁止のある小切手

②　特定線引の小切手で，その指定銀行と取引のない場合

　　なお，この場合は，その指定銀行と新しく取引をはじめてから入金するか，取引のある者に渡せば入金できます。

③　特定線引が二つ以上記入してある小切手

④　記名式小切手で，裏書が連続していない小切手

⑤　振出日から支払呈示期間の10日間（振出日を含めて11日間）を大幅に過ぎている小切手

⑥　支払銀行に事故届があった小切手

　　上記以外の小切手は，だいたい自分の取引銀行に入金すれば，預金にすることができます。

●入金証明

□　入金証明は，裏書不備の記名式または指図式の小切手で，名宛人口座に入金されたものを交換に付すときは，当該小切手の裏面に次の証明を行うことになっています。ただし，日本銀行が支払うものについては日本銀行が定めるところによります。

この小切手は名宛人口座に入金されたものであることを証明します。

令和 ○○ 年 ○ 月 ○ 日

○○銀行○○支店

押切印

●小切手を不渡りにした場合

　自分の振り出した手形や小切手が電子交換所を経由して自分の取引銀行に支払呈示を求められたときに，当座預金の残高が不足しているなどの理由で，その支払ができないときは，不渡情報が電子交換所システムに登録されますが，この不渡情報が6か月に2回登録されると原則として取引停止処分となり，電子交換所に参加しているいっさいの金融機関と2か年当座勘定取引や新規貸出取引をすることができなくなります。

　しかし，その小切手が盗まれたもの，紛失したもの，あるいは，相手方が約束を履行しないため支払わなくてもよくなったときなどの場合には特別の扱いをすることもありますから，取引銀行と相談してください。

●もらった小切手が不渡りとなったとき

　小切手を呈示期間（振出日を含め11日間）内に支払呈示したのに，支払が拒絶された場合には，その小切手の振出人や，自分に小切手を渡した者または裏書した人，保証人などに小切手金の支払（遡求権の行使）を請求できます。この請求をする者は，遡求義務ある者に対して不渡りとなった事情を不渡情報登録の日につぐ4取引日以内に通知しなくてはなりません。通知をする相手方は自分に裏書をした人と小切手の振出人だけでよいのです。以上の手続さえすれば，不渡りとなった小切手は，原則として小切手面に記載してある金額を振出人でも裏書人でも，どちらにでも請求できます。また，その支払を同時に求めてもかまいません。

　また，小切手の呈示期間を過ぎてから支払呈示し不渡りとなった場合でも，小切手さえ持っていれば，利得償還請求権といって，別の支払請求権がありますから，取引銀行に相談してください。

●時　　効

　手形・小切手債権の消滅時効は次のようになっていますから，それまでに銀行とよく相談してください。

〇小切手の場合には，呈示期間経過後6か月で遡求権は時効にかかります。

〇手形の場合は，為替手形の引受人，約束手形の振出人（支払義務者）に対する時効は支払期日の翌日から3か年間です。

〇手形の所持人の，裏書人や為替手形の振出人（償還義務者）に対する時効は，引受拒絶証書・支払拒絶証書作成の場合はその日付から1か年間，またこれが免除されている場合は支払期日から1か年間です。

〇裏書人が所持人の遡求の請求に応じて手形金を支払い，手形の所持人となった場合は，その手形金を支払った日または訴えを受けた日から6か月間です。

約束手形

□ 約束手形の正しい書きかた

(1)　「支払場所」の銀行で決済を受けるためには，必ず，その銀行から
　　交付を受けた手形用紙を使ってください。市販の手形用紙や自製のも
　　のを使うと，決済が受けられないことになりますから注意してくださ
　　い。

(2)　この手形用紙には，必ず，受取人，金額，振出日，支払期日，振出
　　地，振出人を記入し，銀行へ届け出てある記名捺印をします。

(3)　会社が振り出す場合には，会社の商号を書いたうえ，会社の代表者
　　等がその資格を表示して，署名または記名捺印をします。

(4)　代表権，代理権の資格の表示は，会長・社長・専務取締役・常務取
　　締役または支配人・支店長など，その会社を代表するものと認められ
　　る名称であれば，さしつかえありません。

(5)　有限会社・合名会社・合資合社などの場合も同様です。

(6)　会社以外の法人の場合は理事長・理事・組合長・代表理事などの名
　　称が使われますが，この場合も同様です。

(7)　印は実印でなくてもかまいませんが，実際には銀行に届出のない印

が押されていたり，届出のない者の氏名では，銀行は支払ってくれません。拇印や社印はいけません。したがって，必ず銀行に届け出た印を使用します。

(8) 手形には金額に応じて一定額の収入印紙を貼る必要があります。66ページの印紙税額表により印紙を貼り，消印（割印）をしてください。

(9) 手形を発行するときは，後日の管理のため，控（耳）にも必要事項を記入しておきます。

□　月賦手形などによる約束手形（專手形）の正しい書きかた

(1) 常時，小切手または手形の振出などの必要はないが，月賦代金など
の支払のために，約束手形振出の必要が生じた場合は，取引銀行にそ
れ専用の当座預金の申込みをして，ヒナ型のような手形用紙を，その
必要枚数もらってください。

(2) 記載方法については，17ページの約束手形の書きかたを参照して
ください。

(3) 月賦手形の場合でも，ヒナ型のような銀行交付の手形用紙を使わな
いと，銀行の決済は受けられず，不渡りとなりますから注意してくだ
さい。

□ 約束手形の振出人が記名捺印だけして他の要件を記入していない手形（白地手形）

(1) 振出人が記名捺印をして他の欄を所持人に書き入れさせる約束をしていれば，白地手形として有効です。

(2) 手形は，振出の時点で全部の要件が備わっていなくても，手形金を請求するときまでに，要件が手形所持人により補充されることを期待して振り出されたものなら有効です。このような手形を白地（しらじ）手形といいます（50ページ参照）。

(3) 白地手形の最少必要条件は，振出人の署名です。しかし，白地手形の振出は，金額欄にしても支払期日欄にしても，いくらになるか，いつ呈示されるか不確定なわけですから，たいへんに危険がともないますので留意する必要があります。

□　振出人の自署だけあって捺印がない手形

(1)　署名には自署または記名捺印の方法があり，自署だけで捺印のない
　　ものも手形法上は有効です。ただし，自署であるかどうかについて争
　　いがおきる場合がありますからよく注意してください。

(2)　銀行取引では，パーソナル・チェックの場合（5ページ参照）を除
　　いて，届出印が押されていないと支払を受けられません。

(3)　記名とは，本人による手書き以外のなんらかの方法（タイプライタ
　　ー，印刷，ゴム判等）で名称を表示することをいい，この場合には捺印
　　が必要です。約束手形の振出には，通常，記名捺印ですし，パーソナ
　　ル・チェックの場合は，自署しています。

注

　　自署とは，振出人が自分で自分の氏名を手書きすることで，記名捺印
　は，自分の氏名をゴム印，タイプ，または印刷等で行い，本人が自分の
　印をその下に捺印することです。また，この記名捺印は，振出人が自分
　で行わず，第三者にやってもらっても署名したのと同じ効果が生じます。

□ 会社が会社の役員個人あてに振り出す場合の署名のしかた

⑴　会社が会社の役員個人あてに振り出すときには，取締役会（取締役会非設置会社の場合は株主総会）の承認が必要です。そして手形には「取締役会承認済」の記載（スタンプが望ましい）をして，振出に使用した印を押すのが普通です。この記載は証明のためのものですから，議決はほんとうにしなくてはなりません。

⑵　しかし，取締役会の承認を要する手形についても，手形を受け取る者が，会社が会社の役員あてに振り出した手形であることを知らずに取得したり，かりにそのことを知っていたとしても取締役会の承認がなかったことまでは知らなかった場合には，第三者は有効に手形上の権利を取得することができます。

□ 代理人が振り出す場合の署名のしかた

(1) 会社の代表者や本人に代わって，代理人が手形を振り出す場合には，「会社名と代表者名」または「本人の氏名」を書いて，その次に代理人が代理人の肩書を示して，署名または記名捺印します。

(2) 代理人の表示は「代理人」でなくとも，経理部長，営業部長，資金部長のような代理権があることを示す名称でよく，また，代表者名は必ずしも必要ではありません。

(3) 親権者が未成年者を代理して振り出すときには，父・母両人が「親権者」と示して署名します。

(4) なお，この場合も銀行にあらかじめ，代理人の氏名と印鑑を届出ておく必要がありますから注意してください。

(1)　このヒナ型のように，会社名だけを書いて，その会社の代表資格・代表者名を表示しないで振り出した手形は無効です。このような手形を振り出したり，受け取ったりしないようにしましょう。

(2)　会社（法人）が，手形の振出，裏書，引受，保証，参加引受（これらを手形行為といいます）をするには，必ず会社名と代表資格・代表者名を表示して捺印しなければなりません（17ページ参照）。

(1)　金額欄には一定の金額を書かなくてはなりません。たとえば「100 万円以内」や「100 万円又は 200 万円」と書くと手形が無効になります。

(2)　手形面に金額が複記されており，漢文字で書いた金額とアラビア数字で書いた金額とが違うときは，手形法上は，漢文字で書いた金額が手形金額となります。二つとも漢文字で書いたり，数字で書いたりした金額がくいちがうときは，金額の少ないほうが手形金額となります。三つも四つも書いてある場合には，最も額の少ない金額が手形金額となります。

(3)　しかし，銀行取引の約定（当座勘定規定，各種預金規定など）では，上記の原則にかかわらず，手形の入金や支払は，すべて金額欄に書かれた金額で取り扱われます。

□ 確定日払手形

(1) 手形の支払期日は満期ともいいます。その書きかたは次のうちのどれかでなくてはなりません。

① 確定日払

② 一覧払

③ 一覧後定期払

④ 日付後定期払

(2) たとえば，平成17年9月30日と，確定した日を支払期日とする手形を確定日払手形といいます。普通もっとも多く用いられています。

3月31日とせずに「3月末日」とか，「天皇誕生日」とか「成人の日」と書いてもよいとされていますが，そのような例はほとんどありません。

(3) 11月31日のように，暦にない日が書かれている場合には，11月末日が支払期日であるとされています。

(4) 確定日払の手形には，利息の約束はできません。支払期日が確定していますから，あらかじめ利息の計算をして手形金額を出せるからです。

□ 一覧払手形

(1) 一覧払手形とは，手形の支払を求めた日を支払期日とする手形です。手形用紙の支払期日の年月日を消して，「一覧の日」，「一覧払」，「呈示次第」などと書けばよいわけです。

(2) なにも書かないで，そのままにして振り出したときは，28ページを参照してください。

(3) 一覧払手形には利息を支払うことを約束できます。この場合には，手形面に利率を表示しなければなりません。

(4) 振出日から1か年以内に一覧のため呈示をしなくてはなりません。

(5) 一覧後定期払手形とは，手形を一覧のため呈示した日から何日目を支払期日とするという手形です。したがって，手形を所持する人が一覧のための呈示を振出人にしないと，期日が決まりません。実際上は，あまり利用されていません。

(6) 日付後定期払手形とは，振出日から何日目に支払うという手形です。確定日払手形と実質的にはあまりかわりがないので，実際上，ほとんど利用されていません。確定日払の手形と同じように，利息を支払う約束はできません。

□ 支払期日が書いていない手形

(1) 支払期日が書き入れていなくても，手形は有効です。

(2) 手形法では，満期日の記載のない手形は一覧払手形としています。ただ，確定日払手形の場合，支払期日を空欄にしたものは一覧払手形として想定しがたく，通常は白地手形として扱われています。

(3) 白地手形は，後で補充されることが予定されているため，支払期日が記載されていなくても，無効な手形ではありませんが，権利行使の時点，すなわち支払呈示の時点で支払期日が記載されていないと，無効な手形として支払請求をすることができません。

□　暦にない日を振出日とした手形

(1)　暦にない日を振出日とした手形は，原則として無効であるとされています。しかし，平年の「2月29日」や「11月31日」などは，合理的な解釈で月末日をさすものと解され，有効と考えられます。

(2)　ただし，このような手形は，後に問題が生じやすいため，支払銀行でも慎重な取扱いをしますから，支払が受けられないことがあります。所持人は，振出人に頼んで訂正してもらうほうがよいでしょう。

□　振出日を書いていない手形

(1)　振出日は手形要件の一つですから，この日付の書いてない手形は白地手形（受取人に補充させることを許した手形）でないかぎり無効です。

(2)　振出日の記載は，一覧払手形，一覧後定期払手形，日付後定期払手形では重要な意味をもちます。一覧払手形，一覧後定期払手形は振出日から１か年以内に一覧のための呈示をしなければなりませんから支払期日までの期間を定める基準日となりますし，日付後定期払手形は振出日が支払期日の起算日となります。

(3)　振出日のない手形は，支払期日までに振出日（実際の振出日でなくてもよいが，暦にある日で，支払期日の前の日であればよい）を記入しておかないと，無効な手形（不完全手形）として不渡りになる危険があり，また，不渡りになった場合には，裏書人等に請求できなくなりますから注意してください。

(4)　実際取引上，振出日の書いてない手形が多いようですが，銀行取引上は振出日の記載がなくても支払う約定をしています（当座勘定規定など）。しかし，いったん不渡りになると，上記のとおり問題が生じることがあります。

□ 振出日と支払期日が同じ日付の手形

(1) 振出日と支払期日が同じ日付の手形は有効です。

(2) 振出日は支払期日の前であれば，実際に振り出した日でなくても手形は有効です。

(3) 支払期日が振出日より前の手形について，判例は「手形要件の記載が相互に矛盾するものとして無効である」としています（最判平成9・2・27金融・商事判例1024号3頁）。

　支払期日は手形金の支払をする日で，振出日は手形が発行された日ですから，手形が発行されたとき，すでに支払期日が過ぎているような手形は無効というわけです。

□　受取人の商号を省略して書いた手形

(1)　受取人の表示は，だれが手形の最初の権利者であるか，わかる程度に書いてあればよいとされていますが，できるだけ正確に書いてください。

(2)　正確な表示がわからないときは，たとえば「近畿鉄道株式会社」を「近鉄株式会社」，「山田一郎」を「山田」殿と略して書いても有効とされています。

(3)　しかし，受取人の表示を不正確に書いていると，後にこの手形が裏書譲渡された場合，受取人と第一裏書人とが同じかどうかが問題となり，裏書の連続がなくなるおそれがありますので(44ページ参照)，はじめからトラブルなしに支払が受けられるよう正確に書く必要があります。

□ 受取人に「会社」の表示がない場合

(1) この場合，受取人の表示として有効です。

(2) 会社の表示がないと，個人とのケジメがはっきりしませんが，連続の有無の点では問題がない場合が多いようです。

〔裏書〕

　　東京都千代田区神田錦町3―6

　　　　　　株式会社　真友社

　　　　　　　取締役社長　田村　二郎　㊞

(3) しかし，受取人がどのように書かれているかは，裏書の連続の有無について，しばしば問題になりますからよく注意してください。

　　また，株式会社を「(株)」と略記した場合は，株式会社の表示があるものとみられます。

□ 同一会社の本支店間で約束手形を振り出し，受取りされた
　場合

(1) このような場合の手形は無効とされています。

(2) 約束手形では振出人が自己を受取人とすることは認められません。
　したがって，本支店間でも同一会社ですから同様です。

(3) ところが事業部制などをとっている会社においては，このような手
　形を振り出しているケースがみられますが，この場合は振出人の意向
　をよく確認して処理するのがよいでしょう。

(4) 為替手形については，振出人と受取人が同一人でも有効です。ただ
　し，引受人と受取人とが同一人の場合は無効です。

□　約束手形の振出人が「拒絶証書不要」と書いた場合

(1)　この場合，拒絶証書不要の効力を生じません。

(2)　為替手形の振出人が「拒絶証書不要」と書けば，全手形署名人に対してその効力が生じます。

(3)　為替手形用紙の表面には，一般に「拒絶証書不要」と印刷されているので，抹消しないかぎり振出人は捺印などをしなくても，その文句は効力をもちます。

(4)　しかし，為替手形の振出人が遡求義務者であるのと違って，約束手形の振出人は絶対的支払義務者であるので，この者が他人の拒絶証書作成の義務を免除することはできません。

裏　書

□　約束手形の裏書の正しい書きかた

(1)　自分が受け取った手形をほかの人に渡す場合は，裏書欄に裏書をして，渡してください。

(2)　「目的」欄には，担保のため，取立委任のため，無担保裏書などの必要のある場合のほかは記載する必要はありません。

(3)　「拒絶証書不要」の文字は，不渡りとなったときに，手形所持人に拒絶証書をつくらせようと思う場合に抹消し，訂正印を押してください。その必要のないときは，そのままでかまいません。

(4)　「住所」は，必ずしも記載しなくてよいのですが，不渡りとなったときに，通知を受けたいと思う場合には，必ず記載しておかなくてはなりません。

(5)　手形の渡し先の氏名は，被裏書人欄に記入します。

表記金額を下記被裏書人またはその指図人へお支払いください
令和 3 年 8 月 11 日　　　　拒絶証書不要
住所　東京都台東区三ノ輪2−8
東北商事株式会社
（目的）　代表取締役　東 山 一 郎 ㊞
被裏書人　　関東貿易株式会社　　殿

表記金額を下記被裏書人またはその指図人へお支払いください
令和 3 年 8 月 15 日　　　　拒絶証書不要
住所　東京都千代田区丸の内1−1
関東貿易株式会社
（目的）　代表取締役　西 野 二 郎 ㊞
被裏書人　　四国産業株式会社　　殿

表記金額を下記被裏書人またはその指図人へお支払いください
令和 3 年 8 月 22 日　　　　拒絶証書不要
住所　東京都中野区本町通3−2
四国産業株式会社
（目的）　代表取締役　南 田 三 郎 ㊞
被裏書人　　関西工業株式会社　　殿

表記金額を下記被裏書人またはその指図人へお支払いください
令和 3 年 8 月 29 日　　　　拒絶証書不要
住所　東京都千代田区神田小川町2−1
関西工業株式会社
（目的）　代表取締役　北 川 四 郎 ㊞
被裏書人　　九州実業株式会社　　殿

表記金額を受取りました
令和　　年　　月　　日
住所

(6)　普通の裏書のしかたでは裏書日付を書き入れますが，裏書日付は裏書の要件ではなく，これがなくても裏書として有効です。裏書は裏書人が署名するだけでよいわけです。日付も裏書を受ける人の名称も書かなくてはならないというわけではありません。

(7)　しかし，期限後の裏書をするときに裏書日付が書かれていないと，その裏書は，支払呈示期間内（支払期日以後3日内）になされたものと推定されますから，その場合は，この日付を書き入れておくべきです。

(8)　裏書は単純でなくてはなりませんから「商品を引き渡したならば」，「契約が成立したならば」などの条件はつけられません。手形を振り出すとき，このような条件をつけると，その手形は無効となりますが，裏書につけた条件は，その条件だけが効力を生じないだけで，裏書そのものは無効になりません。ただし，次のことがらは，書けばそのことが有効になります。たとえば，(イ)担保責任を負わない（無担保裏書），(ロ)以後の裏書を禁ずる（禁転裏書），(ハ)質入のため，(ニ)取立委任のため，などがこれにあたります。

(9)　手形金額の一部だけを譲渡することはできません。裏書は，手形を譲り受ける人に手形債権の全部を移転させることですから，一部の金額だけを譲渡する裏書は無効となります。

(10)　手形金額の一部の支払があったのちに，残った金額について譲渡裏書をすることはできますが，この場合の裏書は，一部裏書ではなく，残額全部を裏書によって譲り渡すということになります。

□ 記 名 式 裏 書

(1) 手形の所持人（為替手形でも約
束手形でも同じ）はその手形を裏
書して譲り渡すことができます。
手形に裏書をした人は，裏書を受
けた人やその人からさらに裏書を
受けた人や手形の所持人など，あ
とから手形関係者となった人に対
して手形が不渡りになったときに
手形の支払をすべき人に代わって
支払の責任を負います。

(2) 裏書を受けた人は手形の正当な
所持人としての資格を得ることに
なり，いっさいの権利を行使する
ことができます。

(3) 裏書は必ず連続していなければ
なりません。第一の裏書人は手形
の受取人です。その後の裏書は前
の裏書によって裏書を受けた人が
裏書人となります。こうして裏書
は連続しなくてはなりません。

表記金額を下記被裏書人またはその指図人へお支払いください
令和 3 年 8 月 11 日　　　　拒絶証書不要
住所　東京都台東区三ノ輪2-8
東北商事株式会社
（目的）　代表取締役　東 山 一 郎 ㊞
被裏書人　関東貿易株式会社　　殿
表記金額を下記被裏書人またはその指図人へお支払いください
令和 3 年 8 月 15 日　　　　拒絶証書不要
住所　東京都千代田区丸の内1-1
関東貿易株式会社
（目的）　代表取締役　西 野 二 郎 ㊞
被裏書人　四国産業株式会社　　殿
表記金額を下記被裏書人またはその指図人へお支払いください
令和 3 年 8 月 22 日　　　　拒絶証書不要
住所　東京都中野区本町通3-2
四国産業株式会社
（目的）　代表取締役　南 田 三 郎 ㊞
被裏書人　関西工業株式会社　　殿
表記金額を下記被裏書人またはその指図人へお支払いください
令和 3 年 8 月 29 日　　　　拒絶証書不要
住所　東京都千代田区神田小川町2-1
関西工業株式会社
（目的）　代表取締役　北 川 四 郎 ㊞
被裏書人　九州実業株式会社　　殿
表記金額を受取りました
令和　　年　　月　　日
住所

(4) 裏書を受ける人の名前が書いてある裏書を記名式裏書といいます。
ヒナ型はその例で，最後の裏書人である関西工業株式会社が九州実業
株式会社に裏書したものです。裏書を受ける者が会社の場合には会社
名だけを書けばよいのですが，裏書をする者が会社の場合には会社名
を書いたうえ，代表者がその資格を示して自署または記名捺印しなく
てはなりません。振出の場合と同じです。

(5)　裏書は裏書を受ける人の名前を書いてするのが正式ですが，それを書かないで被裏書人欄を空欄のままにしておいてもよいのです。このような裏書方法を白地式裏書といいます。

(6)　白地式裏書を受けた人が，さらに，手形を譲り渡すときは裏書して渡しても，また裏書をしないで相手方に手形を引き渡すだけでもよいのです。

(7)　手形が不渡りになったとき，手形所持人は，不渡りにした人のほかに，自分に裏書した人やその前の裏書人および為替手形の振出人などにも手形金の支払を請求することができます。これを遡求といいます。遡求をするには，公証人や執行官などに依頼して，手形の支払期日またはそれに次ぐ二取引日以内に支払拒絶証書を作ってもらい，「支払のための呈示をしたが，支払が拒絶された」ことを証明しなくてはなりません。しかし，裏書人が裏書をするときに支払拒絶証書が不要だということを表示した場合は，その必要はありません。

(8)　その表示の方法は，特別に制限はありません。裏書欄に「拒絶証書不要」と印刷されていますから，印刷された文字を消さないでそのままにしておけば，免除の効力があるとされています。

(9)　「拒絶証書不要」の文字が抹消してあるときは，裏書人が支払拒絶証書の作成義務を免除しない裏書ですから，このような裏書人に対して所持人が不渡手形の遡求をするときは，支払拒絶証書がないとできません。

(10)　裏書は代理人によってもできます。この場合には振出の場合と同様に，本人の名前を書いて代理人が代理人であることを示して自分の自署または記名捺印をするのが正しい書きかたです。裏書の代理の場合も，振出の場合と同様，代理権のある人が直接本人の署名または記名捺印をして代理することもできます（23ページ参照）。

□　裏書欄がたりなくなった場合の裏書の書きかた

(1) 裏書欄がいっぱいになってしまった手形に裏書をするときには，別の手形用紙をつないで裏書してさしつかえありません。

(2) つなぎ目には，つないだ裏書人の割印を押しておきます。しかし，この印がなくても裏書の効力にはかわりありません。

(3) つぎたしたほうの手形の表面（おもてがわ）には斜線などを引いておいたほうがよいでしょう。

(4) このつなぎ目は，しっかり貼ってください。あとになって，はがれたりすると，いろいろめんどうがおこります。

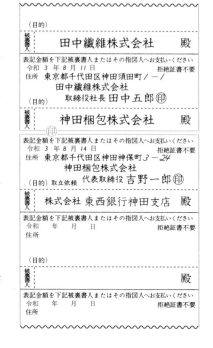

□ 無担保裏書

(1) 裏書人は手形の振出人に代わって引受と支払の責任を負います。つまり，もし期日に手形が不渡りになると，手形の所持人や自分よりあとに手形関係人となった人に手形金や法定利息，諸費用を支払わなくてはなりません。これを裏書の担保的効力といいます。しかし，裏書人はこういう責任を負いたくないときは，そういう裏書もできます。これを無担保裏書といいます。この場合は，「裏書無担保」「手形責任を負わず」などと記入すればよいわけです。

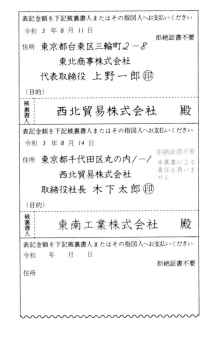

(2) 無担保裏書をした裏書人はその裏書を受けた人およびそれ以後，手形関係人となった人に対して，手形上の責任をまぬがれることができます。

(3) このような手形は，そうでない手形より信用度が低くなります。

金融機関では，割り引いた手形が不渡りになると，こういう裏書をして割引依頼人に返してくることがあります。

□ 質 入 裏 書

(1) 手形金を請求できる権利，つまり手形債権は，これを他の債務の担保にすることもできます。その場合には，手形債権に質権を設定することになりますが，その裏書はヒナ型のように，目的欄に「質入」「担保のため」などと記入すればよいのです。

(2) 質入する人（裏書人）や質入を受ける人（質権者）などの書きかたは，普通の譲渡裏書の場合と同様です。

(3) 金融機関の商手担保の貸付では，手形を譲渡担保にすることが多く，担保のためでも質入裏書はあまり用いられません。

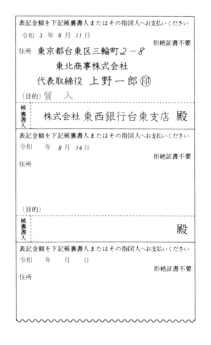

表記金額を下記被裏書人またはその指図人へお支払いください
令和 3 年 8 月 11 日
拒絶証書不要
住所 東京都台東区三輪町2-8
東北商事株式会社
代表取締役 上野一郎 ㊞
(目的) 質 入
被裏書人 株式会社 東西銀行台東支店 殿

表記金額を下記被裏書人またはその指図人へお支払いください
令和 年 8 月 14 日
拒絶証書不要
住所

(目的)
被裏書人 殿

表記金額を下記被裏書人またはその指図人へお支払いください
令和 年 月 日
拒絶証書不要
住所

□ 取立委任裏書

(1) 手形金の取立は所持人が支払場所に出向いて，直接取り立ててよいのですが，多くの場合，手形所持人は自分の取引銀行にたのんで取り立ててもらいます。この場合にも，裏書をすることになります。これを取立委任裏書といいます。

(2) 質入裏書と同様に，「目的」欄に「取立委任のため」と書きます（だいたい銀行で記入してもらいます）。

(3) 取立委任の目的でも，「取立委任」の記入をせず通常の譲渡裏書をすることがありますが，これも有効です。これを「隠れた取立委任裏書」といいます。

(4) なお，金融機関の行う取立委任裏書には，右のような取立委任印（スタンプ）が使用されています。この場合は，取立委任印（スタンプ）を未使用裏書欄の任意の箇所に押捺すればよいわけです。

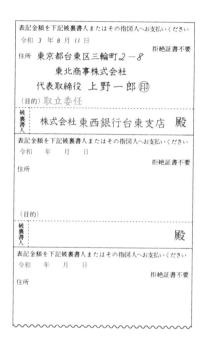

□　裏書の連続を欠いた裏書

(1)　手形の裏書は，第一の裏書人から所持人まで連続していなければなりません。ヒナ型の裏書は，第一の裏書の被裏書人である西北貿易株式会社が第二の裏書の裏書人でなくてはならないのに，東南工業が裏書人になっています。これでは裏書が連続しません。このような手形の所持人は，原則として手形金の請求はできませんから，手形を受け取るとき注意してください。

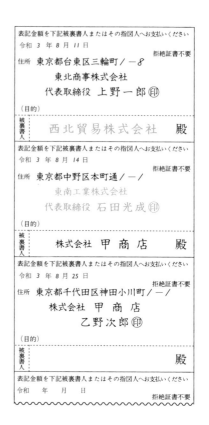

(2)　相続や会社が合併したような場合はおもてむき，裏書の不連続を生ずることがありますが，それらの事実が立証できれば，所持人は正しい所持人として手形金の請求ができます。相続や合併でなく，裏書の連続を欠いた場合でも，所持人が正しい権利者であることを証明できれば，最終的には，支払を求めることができますが，支払期日には一応不渡りになることが多いと思われます。

(3)　裏書の連続は，かたちのうえで，AからBへ，BからCへ，CからDへというようにつながっていればよいわけです。そのなかに未成年者や被保佐人など，実質的に行為の資格を欠く者の裏書があったり，手形を盗んだ者の偽造の裏書があっても，裏書は連続します。

□ 抹消した裏書

(1) 裏書は抹消することができます。裏書を抹消できる者は手形の所持人です。

(2) 抹消のしかたは，抹消したい部分に斜線を引いたり，二本線で明瞭に抹消すればよいのですが，「本裏書抹消」や，単に「抹消」と書いて，誰が抹消したのかわかるように，裏書に使用した印を押すようにすればなおよいでしょう。

(3) 抹消した裏書は，裏書連続の関係では，その裏書はないものと考えられます。

(4) ヒナ型の場合，第二番目の裏書がないものとしても，第一裏書と第三裏書は連続していることになりますから，東亜銀行は正しい手形の所持人と認められます。

(5) 裏書を抹消したため，裏書の連続を欠くと，手形所持人が正当な権利者でないかぎり，手形上の権利は認められません。

(6) 一部の抹消，訂正もできますが，訂正者の捺印をしておいたほうがよいでしょう。

為 替 手 形

□ 為替手形の正しい書きかた

(1) 為替手形を振り出す場合は，取引銀行から銀行制定の為替手形用紙
をもらって振り出してください。

(2) 為替手形は振出人が支払人に対し，受取人に一定の金額を支払うよ
うに依頼した手形です。この手形の最終の支払責任者は支払人ですが，
支払人は引受欄に引受の署名をするまでは支払責任が生じません。

(3) 金額欄の上の氏名は，引受をしてもらう人（この手形の支払をすべ
き人）の氏名を記入します。金額欄の下に，この手形の渡し先（金銭
を受け取るべき人）の氏名を記入します。

(4) 引受欄については，振出人が自分で引受をする場合（この場合は，
約束手形を利用したと同じことになります）以外は振出のときには記
入しないでください。

(5) 「拒絶証書不要」の文字は，不渡りまたは引受の拒絶のあったとき
に，拒絶証書をつくってもらいたいときは，抹消します。

(6) 振出日，住所，氏名，支払期日，振出地および収入印紙については，
「約束手形の正しい書きかた」（17 ページ）を参照してください。

(7) 支払場所は引受人の取引銀行のわかっている場合以外は記入しない
でください。

(8) 自分が振出人となりまたは第三者を振出人として，自分で引受し受
取人に手形を渡したい場合は，為替手形用紙の支払場所に自分の取引
銀行を記入して，金額欄上部に自分の氏名を記入し，引受欄に自分の
住所・氏名を記入捺印します。

□ 自己指図手形（自己受手形）の書きかた

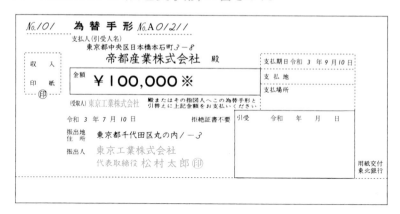

(1) 自己指図手形とは，振出人が同時に手形の受取人となる手形です。自己受手形ともいいます。為替手形は，振出人，支払人，受取人の三面関係でなりたちますが，自己宛手形といって自分を支払人として振り出すこともできますし，また，自己指図手形のように自分を受取人として振り出すこともできます。

(2) 自己指図手形は，取立のために用いられるものです。上のヒナ型では，東京工業が帝都産業に対する代金を取り立てるために自分を受取人とし，帝都産業を支払人として振り出したものです。また，遠隔地の場合は，東京の本社が札幌の人を支払人として自分の札幌支店を受取人とする手形を振り出して，代金の取立をすることなどもできます。

(3) 引受済の自己指図手形は相手方から約束手形を受け取った場合とよく似ています。

□ 自己宛手形の書きかた

(1) 自己宛手形とは，振出人と支払人が同じ人である手形です。

(2) 約束手形では，振出人が同時に支払人ですが，為替手形では別に支払人があります。これが，この二つの手形の違う点の一つです。

(3) 約束手形は振出人と受取人の二人だけでなりたっていますが，為替手形はこのほかに支払人がいます。つまり，三人の関係者でなりたつわけです。手形のうえに現われる三人の者が別々でなければならないことはありません。

(4) 自己宛手形は，東京の本社が札幌の人に金を払うような場合に，自分の会社の札幌支店を支払人として振り出す場合に利用されます。この手形はおもに送金のために利用されるもので，引受がすむと約束手形を振り出した場合とよく似ています。

(5) 支払人の書いてない手形は，手形要件を欠いたもので未完成手形（白地手形）です。普通の場合，手形の所持人は白地手形の補充ができますから，もし支払人の書いてない手形で，引受人がある手形をもらったら，支払人を書き入れて，完全な手形にすることができます。支払人を書き入れるときは，まちがえて引受人でない者の名前を書き入れると，引受は無効となります。

□ 白 地 手 形

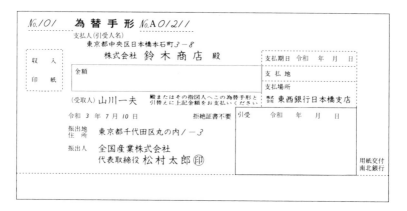

(1)　手形は要件の全部を書き入れて振り出すのが正しい振り出しかたで
すが，手形要件の一部が書かれていない手形でも，その部分をあとで
手形の所持人に書き入れさせる約束で振り出した場合には，その手形
は手形として流通します。上のヒナ型では，金額，支払期日，支払地
などが書かれていませんが，これらの部分を手形所持人が書き入れる
と，この手形は振出日にさかのぼって有効な手形となります。

(2)　白地になっている部分を全部書き入れないと，手形は効力を生じま
せんから，手形金の請求などはできません。

(3)　手形要件のどの部分が書かれていない場合でも，その部分をあとで
書き入れさせる考えで振り出したときには白地手形となりますが，振
出人か引受人の署名は，はじめからなくてはなりません。

(4)　白地の部分をあとで書き入れさせる約束がなく，要件の一部を欠い
た手形は，不完全な手形として本来無効ですが，書入れの約束がない
ことを知らない者が書き入れれば有効となります。

(5)　白地手形は，実際取引上便利な点もありますが，問題をおこしやす
いので，あまり利用しないほうがよいでしょう。とくに金額欄を白地
にして振り出すことは絶対にさけてください。

□　支払場所が支払地内にない場合

(1)　支払場所は，支払地内になければなりませんから，この場合，支払場所の記載が無効になります。

(2)　支払場所は，絶対的記載事項ではないので，支払地のほうが優先し，支払地内にない支払場所の記載は，結局書かれていないのと同じことになります。しかし，引受人の取引銀行でなければ口座引落しができませんので，(1)の内容は重要なことになります。

(3)　このヒナ型では，支払地を東京都新宿区とするのを東京都中央区と書き誤ったのだと思っても，新宿支店では，そのまま手形を引き落としてはいけません。東西銀行には新宿支店が現に存するのだから，店名誤記とはいえません。よく注意して取り扱ってください。

引　受

□　引受のしかた

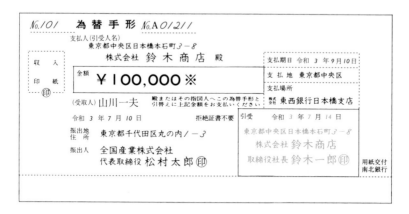

(1) 引受は為替手形だけにある制度で，約束手形や小切手にはありません。

(2) 引受のしかたは，支払人になっている人が引受欄に署名します。支払人以外の者が引受欄に署名しても引受にはなりません。支払人の表示と引受署名の表示とが一致していることが必要です。

(3) 引受の日付は必ず書かなくてはならないというものではないのですが，入れたほうがよいでしょう。もっとも，一覧後定期払の手形ではこの日付を入れなくてはなりません。

(4) 支払人は引受をしないかぎり手形金支払の義務はないのですが，いったん引受をすると約束手形の振出人のように支払義務を負うことになります。

(5) 手形金額の一部引受（54ページ参照）でないかぎり，引受には，条件や制限をつけることは許されません。

(6) 引受を拒絶された所持人が振出人や裏書人に手形金の請求をする場合には，公証人や執行官などの作った引受拒絶証書が必要ですが，手

形面でこの拒絶証書作成の義務が免除されていれば，その必要はありません。

(7) 引受のない為替手形は，信用度の低い手形ですから，このような手形をもらったときには，なるべく早く引受させなくてはなりません。

(8) 引受は支払人の住所（営業所があるときは営業所）でしてもらいます。手形の支払場所に金融機関などが指定されていても，そこで引受をすることはできません。また，金融機関では普通の場合，引受のために支払人に手形を呈示することはしません。

(9) 補箋にした引受は無効です。引受は必ず為替手形面にしなくてはなりません。別の紙に書いた引受は引受となりません。

　手形法上の責任を負う行為のうちで，補箋にできるものは，保証と裏書だけです。引受や振出などはできません。

(10) 会社が引受をするときには，会社名を示して，その代表者が署名しなくては有効な引受とはいえません。個人商店の場合には，商号に捺印をしただけでも有効だという説がありますが，大事をとって引受は正式に記入してもらったほうがよいでしょう。

(11) 引受にかぎらず，手形上の責任を負うためにする署名は，多少のちがいがあっても，それが同一人であることが，手形を見ただけでわかれば有効とされるのですが，正確な方法で記入してもらうにこしたことはありません。

□ 一部引受の場合の書きかた

(1) 引受は無条件でないと，引受拒絶があったことになりますが，手形金額の一部についてだけ引き受けるということはできます。

(2) 手形の所持人は，一部引受をことわることはできませんが，一部引受の場合には，引受のない金額については，引受拒絶があったものとなりますから，手形の所持人は，すぐに裏書人や振出人に対して，その金額の支払を請求できます。このときにも引受拒絶証書をつくるわけですが，ヒナ型のように振出人がその作成を免除している場合には，つくる必要はありません。

□ 会社名だけ書いて引受した手形

(1) 会社名だけしか書かない引受は，捺印があっても無効です。

(2) 会社が手形上の責任を負うために手形行為をする場合には，必ず会社の代表者か代理人が，会社名と代表者，代理資格を示して，署名しなくては有効となりません。

(3) 引受も手形上の債務を負う行為ですから，必ず代表者か代理人が署名しなくてはなりません。

(4) ヒナ型のような手形をもらうときは，代表者の署名をしてもらわなくてはなりません。なお，引受のしかたのヒナ型（52ページ）を見てください。

□ 引受日が振出日より前の日であった場合

(1) 引受日が振出日より前の日であっても，その引受は有効です。

(2) 引受は本来，手形が振り出されてからなされるものですから，引受日は振出日よりあとであるはずですが，引受をさせてから振出人が署名することも実際取引ではよくあります。振出日は手形の要件ですが，引受日は要件ではありません。

(3) しかし，一覧後定期払手形の場合には，引受のための呈示をした日が支払期日を決める基準の日となりますから，この場合には，引受日を書かなくてはなりません。

□　支払人が引受欄外に署名だけした手形

	為替手形 No. A 01211		
No. 101	支払人(引受人名) 東京都中央区日本橋本石町3-8		株式会社 鈴木商店 取締役社長 鈴木一郎 ㊞
取入 印紙 ㊞	株式会社 鈴木商店 殿		支払期日 令和 3 年 9 月 10 日 支払地 東京都中央区 支払場所
	金額 ￥100,000 ※		
	(受取人) 山川一夫 殿またはその指図人へこの為替手形と 引替えに上記金額をお支払いください		株式 会社 東西銀行日本橋支店
	令和 3 年 7 月 10 日　　　　拒絶証書不要	引受	令和 年 月 日
	振出地 住所 東京都千代田区丸の内1-1		
	振出人 関東貿易株式会社 代表取締役 西野二郎 ㊞		用紙交付 東西銀行

(1) 支払人が単に手形の表面に署名だけした場合でも，引受をしたもの
とみなされます。引受は，引受またはこれと同じ意味のある文字を用
いて引受欄に支払人が署名するのが正式です。これを正式の引受とい
います。

(2) 引受またはこれと同一の意味をもつ文字を使用しないで，単に支払
人が手形面に署名だけした場合にも，引受の効力を生じます。これを
略式引受といいます。

(3) 引受は普通の場合，手形用紙に引受欄があれば，そこにしますが，
必ずそこにしなければならないということではありません。

(4) 支払人が手形に署名すれば，すべて引受となります。したがって，
このような手形は，引受のある手形になります。

保　　証

□　振出人を保証する場合の書きかた

(1)　一般の取引でも債務者の力が弱いときは保証人をつけるように，手形についても，手形金の支払義務を負っている振出人や引受人，裏書人などに保証人をつけることができます。これを手形保証といい，手形金の全額についても，一部についても保証することができます。

(2)　保証人は手形または補箋に被保証人を示して署名します。

(3)　ヒナ型は振出人を保証した場合のやりかたです。

(4)　被保証人を示さないで保証すると，すべて振出人を保証したことになります。保証人が保証であることを示さないで，手形面や補箋に署名だけした場合にも，振出人を保証したものと認められます。

(5)　しかし，手形の振出人欄に単に署名だけした人は保証人であるか，振出人（振出人が二人以上の手形もあり，これを共同振出といいます）であるか問題になることがありますので，必ず保証人と書いて署名することが必要です。

(6)　振出や裏書があとでなんらかの事由（たとえば未成年者，成年被後見人などの行為）によって取り消されたような場合でも，手形の形式が整っているかぎり，それらの者を保証した人の責任は消えません。

□ 裏書人を保証する場合の書きかた

(1) 裏書人を保証する場合には，普通その裏書欄に裏書人とならべて，保証人であることを示して保証人が署名または記名捺印をします。

(2) 裏書欄がせまいときは，補箋にしても有効です。この場合には，保証を受ける人をはっきり示しておかないと，振出人のための保証となる危険があります。

補箋のつぎめには，保証人の印を押すのが普通ですが，この印がなくても，保証の効力にかわりありません。

表記金額を下記被裏書人またはその指図人へお支払いください
令和 3 年 8 月 20 日　　　　　　拒絶証書不要
住所　東京都千代田区神田小川町／－／
　　株式会社 甲野商店
　　代表取締役 甲野太郎 ㊞
保証人 東京都千代田区神田錦町２－２
　　乙野商事株式会社
（目的）取締役社長 乙野次郎 ㊞
被裏書人　　　　　　　　　　　　　殿

表記金額を下記被裏書人またはその指図人へお支払いください
令和　年　　月　　日　　　　　　拒絶証書不要
住所

（目的）
被裏書人　　　　　　　　　　　　　殿
表記金額を下記被裏書人またはその指図人へお支払いください

□ 裏書人のための一部保証の書きかた

保証は，手形金額の一部についてもできます。

表記金額を下記被裏書人またはその指図人へお支払いください
令和 3 年 8 月 ／／ 日　　　　　　拒絶証書不要
住所　　　　　　東京都中野区本町通／－／
甲野太郎殿のために　　　甲野太郎 ㊞
手形金額中金参拾萬
円を保証します
　　　　㊞　保証人 東京都新宿区三光町／－8
（目的）　　　　丙野三郎 ㊞
被裏書人　　　　　　　　　　　　　殿
表記金額を下記被裏書人またはその指図人へお支払いください
令和　年　　月　　日

□ 引受人を保証する場合の書きかた

(1) 普通は，引受欄に引受人とならべて保証人が署名しますが，補箋に してもかまいません。

(2) しかし，保証を補箋でする場合には，引受人を保証することを明ら かにしなければなりません。これを忘れると，振出人を保証したこと になります。

□ 引受人のための一部保証の書きかた

●手形を受け取るときの注意

□　手形を受け取るときは，前に説明した振出，裏書，引受の各場合の
　取り扱いを参照し，おもに，次のことがらについて注意してください。

    ① 　振出日，支払期日は暦にある日か

    ② 　金額などに訂正，改ざんはないか

    ③ 　署名は正しくなされているか

    ④ 　手形用紙が銀行交付以外のものになっていないか

    ⑤ 　自分の氏名が正しく記入されているか

□　第三者の振り出した手形を受け取るときは，上記のほか，とくに次
　のことがらに注意してください。

    ① 　裏書の署名は正しくなされているか

    ② 　振出日，支払期日の日付に矛盾はないか

    ③ 　白地手形になっていないか

    ④ 　裏書が連続しているか

    ⑤ 　裏書の抹消や裏書禁止裏書，担保裏書，取立委任裏書などの有
      無

●期日に取り立てる手続

(1)　手形は普通の場合，支払場所の銀行に支払期日に呈示しても現金は
　受け取れません。一応，自分の取引銀行の口座に入金して，その銀行
　から取り立ててもらう必要があります。

(2)　直接預金口座に入金することもできますが，取立のための手形交換
　が預金の日の翌日になるので，入金は1日前から行うことができます。

(3)　取立のため銀行を利用できるのは，期日から2取引日，すなわち1
　日が期日の手形なら3日の日までですから，2日までに入金しておく

必要があります。

(4) 手形の期日を忘れると，銀行では取り立ててくれず，裏書人には請求することができず，約束手形なら振出人，為替手形なら引受人にしか請求できなくなりますから，とくに注意が肝要です。

　そのため，手形を受け取った場合は，すぐ自分の取引銀行に預けておくようにすると，期日に忘れずに取り立てておいてくれます。

(5) 他の地方の銀行を支払場所とした手形は，取立に日数がかかりますから，あらかじめ取引銀行に取立をたのんでおいたほうがよいでしょう。その場合は，手数料が必要です。

荷為替手形

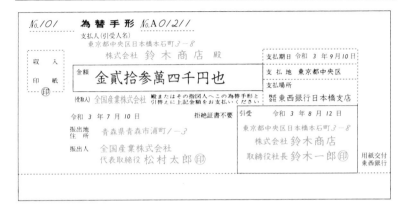

No.101　　**為 替 手 形**　No.A01211

支払人(引受人名)
東京都中央区日本橋本石町3－8

株式会社 鈴木商店 殿

支払期日 令和 3 年 9月10日
支払地 東京都中央区
支払場所

金額　**金貳拾参萬四千円也**

(受取人) 全国産業株式会社 殿またはその指図人へこの為替手形と
引替えに上記金額をお支払いください

株式
会社 東西銀行日本橋支店

取入
印紙
㊞

令和 3 年 7 月 10 日
振出地
住所　青森県青森市浦町1－3
振出人　全国産業株式会社
　　　代表取締役 松村太郎 ㊞

拒絶証書不要

引受　　令和 3 年 8 月 12 日
東京都中央区日本橋本石町3－8
株式会社 鈴木商店
取締役社長 鈴木一郎 ㊞

用紙交付
東西銀行

(1)　売買の目的物である運送中の物品（商品・貨物）に関する貨物引換
　　証が担保として添付されている為替手形を荷為替手形といいます。遠
　　隔の地の買主に対して，代金の決済を終えてから商品を渡したい場合
　　は，この荷為替手形を利用すると便利です。

(2)　買主に対して，鉄道便または船舶により商品を送り，その貨物引換
　　証（船荷証券）を上記為替手形とともに，取引銀行に取立委任すれば，
　　取引銀行はそれらの書類を支払地の銀行に送付し，手形金の決済（引
　　受）と引換に，貨物引換証などを買主に交付するので，遠隔地売買に
　　は非常に便利です。

(3)　荷為替手形は，代金取立の場合だけではなく，手形決済前に取引銀
　　行で割引もしてくれることがあります。

(4)　荷為替手形では，金額欄上部の支払人欄に買主の氏名を記入します。

(5)　金額欄には，商品代金および運賃，諸掛の合計額を記入するのが普
　　通です。

(6)　受取人欄（金額欄の下部）には，取引銀行名または自分の氏名（こ
　　の場合は，第一裏書が必要になります）を記入します。

(7)　支払地,支払場所欄は買主の取引銀行名およびその地を記入します。

振出手形明細書

(No.　　　)

株式
会社　〇　〇　銀　行　御中

振　出　手　形　明　細　書

株式会社　〇〇〇〇製作所

（令和　　年　　月分）

手形の種類	振出又は引受の日	金　　額	受　取　人	支払期日	摘　要

(1)　銀行からとくに，振出手形の明細を出すよう依頼された場合は，上記のような形式により報告します。

(2)　「手形の種類」とは，約束手形（約手），為替手形（為手）の区別を記入します。

(3)　「振出又は引受の日」の欄には，約束手形の場合は振出日を，為替手形の場合は引受日を記入します。

(4)　自分が支払人になっていない為替手形の振出は記入する必要はありません。

(5)　金額が白地の場合は，「金額欄」に白地と記入します。

(6)　「受取人」欄には，その手形の受取人となっている者，または，直接の交付先の氏名を，「支払期日」欄には，手形の期日を記入します。

(7)　「摘要」欄は為替手形の振出人の氏名，その他，保証人のある場合はその氏名を記入し，次に，その手形を振り出す原因となった取引関係（たとえば，原料仕入や資金支払）を記入します。

64

電子交換所と不渡処分

(1) 手形・小切手は電子交換所を経由して決済され，全国のほとんどの金融機関がこの電子交換所に参加しています。

(2) 電子交換所には電子交換所規則という取決めがあり，その電子交換にかけることのできる証券類を限定し，各金融機関が一定の時刻までに手形の証券イメージを電子交換所システムに登録することによって手形の持出を行い，決済しています。

(3) 電子交換所を経由した手形・小切手について，6か月に2回不渡情報が登録された者は，取引停止処分を受けます。

(4) 取引停止処分とは，電子交換所に参加している金融機関との当座取引および新規貸出取引が向こう2か年間できなくなることです。

(5) 不渡り事由には，0号不渡事由（形式不備，裏書不備，財産保全処分中，案内未着，依頼返却等の事由），第1号不渡事由（資金不足，取引なし），第2号不渡事由（契約不履行，詐取，盗難，紛失，偽・変造等の事由）の3種類がありますが，0号事由以外はそれぞれ，不渡情報登録をしなければなりません。

(6) 第2号不渡事由については，振出人から異議申立預託金の預け入れを受けたうえで，電子交換所に異議申立書を提出することによって異議申立をすることができます。これにより不渡処分は猶予されます。しかし，その手続をしないかぎり，不渡処分を受けることになります。

(7) 会社が取引停止処分を受けると，その代表者または実質上の代表者もその処分を受けたと同様の取扱をうけることがありますから注意してください。

手形の印紙税額表

(1) 普通手形（1通につき）

手 形 金 額	印紙金額
10万円未満	非課税
100万円以下	200円
200万円 〃	400円
300万円 〃	600円
500万円 〃	1,000円
1,000万円 〃	2,000円
2,000万円 〃	4,000円
3,000万円 〃	6,000円
5,000万円 〃	1万円
1億円 〃	2万円
2億円 〃	4万円
3億円 〃	6万円
5億円 〃	10万円
10億円 〃	15万円
10億円を超えるもの	20万円

(2) 特別手形（1通につき）

① 一覧払手形
② 政令で定める金融機関を振出人・受取人とする手形
③ 外貨表示の手形
④ 非居住者自由円勘定決済手形

記載された金額が 10万円未満　非課税
　　　　　〃　　　10万円以上　200円